AF283736

BAR CASA VÍCTOR

(2017-2019)

ExLibric

JOSÉ LUIS NUEVO ÁBALOS

BAR CASA VÍCTOR

(2017-2019)

EXLIBRIC

ANTEQUERA 2024

BAR CASA VÍCTOR (2017-2019)
© José Luis Nuevo Ábalos
© de las imágenes de portada y contraportada: María Ortiz Nuevo
Diseño de portada: Dpto. de Diseño Gráfico Exlibric

Iª edición

© ExLibric, 2024.

Editado por: ExLibric
c/ Cueva de Viera, 2, Local 3
Centro Negocios CADI
29200 Antequera (Málaga)
Teléfono: 952 70 60 04
Fax: 952 84 55 03
Correo electrónico: exlibric@exlibric.com
Internet: www.exlibric.com

ISBN: 978-84-10076-67-9
Depósito Legal: MA 127-2024

Impresión: PODiPrint
Impreso en Andalucía – España

Nota de la editorial: ExLibric pertenece a Innovación y Cualificación S. L.

JOSÉ LUIS NUEVO ÁBALOS

BAR CASA VÍCTOR

(2017-2019)

A mis queridos padres,
luz y tierra de mi raíz.

La leyenda de los vivos
se teje en la conciencia del tiempo.

Policarpo Portugal

Invocación

No me digas que no, musa mía,
que no me vas a ayudar,
como quien a un ciego coge de la mano,
a cruzar las tortuosas calles de la memoria,
para sentirme niño de nuevo,
mirando morir las cálidas tardes de estío,
tras los abandonados tejados
de la colegial iglesia de mi pueblo;
sí, a ser niño, de veras,
agazapado bajo el macizo balcón de mi casa,
y sin entender de nada descubrir,
mientras silban las oscuras golondrinas
sobre mi cabeza,
cómo la vida se esconde
bajo los infinitos rostros de la hipocresía.

No creas que no sé lo difícil y duro que es caminar
por las solitarias y empedradas calles de la memoria,
y al detenerme sosegado y pensativo,
ante las abandonadas puertas del pasado,
por años de indiferencia y olvido,
empujar sin miedo las cristaleras del bar del destino
en el n.º 19 de una gris y bella calle,

y, adentrarme, una vez abiertas,
en el húmedo salón de azufre y salitre,
donde los seresitos de mi infancia
beben huidizos la miel de sus mentiras
y hablan nostalgias de lejanías inventadas,
sentados en torno a los veladores,
y luego, pasar sigiloso a la vetusta barra
de las botellas de tinto
y las copas medio llenas de blanco,
donde nacen los sueños y se escabullen las verdades,
después que el rayo de sol entra por la cortina.

No me digas que no, musa mía,
que no me vas a ayudar
a amanecer cual nueva alborada
e interpretar, mudo y solitario,
el reguero de sombras errantes, únicas,
como un filme en blanco y negro,
desde la barra libre sin tapujos ni rejas,
y escuchar, al fondo, el gorjeo
de los gorriones entusiastas,
cuando los automóviles indiferentes
parten, para regresar al crepúsculo.

I. Cuadros de pueblo

Versos para vivir del ayer la vida.
Celedonio Valor

1. La plaza Ochavada

De ladrillo rojo anillo
en mano de roca de señora.

De ocho mundos universo,
abierto de los espacios a la infinitud.

Humana perfección redimida
del hombre y de la pobreza pasadas.

¡Oh, plaza Ochavada,
del mundo centro u ombligo!

En tu seno de ladrillo rojo
vitorean los orgullos patrios.

De madera los ídolos desfilan
bajo el amparo de la caduca tradición.

En tu albero de gloria,
cae de la fiesta nacional la sangre.

Se funden de los corazones los deseos
de estío y jazmín en tus noches.

Cruces, besos, abrazos,
empujones, codazos,

siempre de entusiasmo hierven
en tu querido seno y eterno.

¡Oh, dichosa e inmortal
plaza, plaza Ochavada!

2. LOS CAÑOS

Muy frágil y caduca,
siempre de las gentes es la efímera memoria.

En los caños de la Plaza, en años no muy lejanos,
parlanchinas las mujeres humildes recogían

en cántaros de barro rojo,
del agua de la vida la liturgia,

el agua pura que habían de beber sus esposos,
al regresar de los campos al crepúsculo,

el agua pura que sus hijos habían de beber,
del aciago destino orgullosos e ignorantes,

el agua pura que, diosas, habían de utilizar,
para de los estómagos hambrientos cocinar la dicha.

De sus jóvenes costados al cuadril,
todos los días del año, todos,

en cántaros de barro rojo,
la liturgia del agua de la vida,

entusiastas de sus soleadas casas de piedra y cal
viajaban de la hermosa vida a la fuente pura.

Y las bellas mujeres de su Dios iluminado hablaban,
y del alma de sus hijos de sonrisa amable,

y del amor cobarde vituperaban la infidelidad,
y del nauseabundo poder denostaban a los arrogantes.

Mujeres pobres y honestas y reinas,
de vivir y sentir cada día de la vida,

cómo sueña y ríe y corre el agua viva
de la fuente de los caños de cobre.

3. EL MOLINO JUAN

De un pueblo hoy la periferia,
del centro mañana es el círculo.

Molino Juan, hoy periferia,
periferia ayer y tal vez mañana.

Allí, en las tardes de estío calurosas,
bajo las grises sierras al resbalar el crepúsculo,

sus sueños de deseo los jóvenes enamorados pregonaban,
al ver extasiados la mortecina bola roja del sol,

tras la bella y ancestral silueta
de la incendiada Peña de los Enamorados.

Allí, de amor se confundían los labios
en el tiempo de los amantes detenido y eterno,

mientras virginales sus cuerpos se consumían,
para el recuerdo en ceniza imborrable.

Oh, molino Juan, paraíso o realidad,
de menta verde caramelo de gloria.

4. La calle Carrera

Del sol naciente los rayos caen
sobre los oscuros tejados de las blancas casas,
mientras alborotados los vencejos vuelan.

La nostálgica mañana alegre está,
de los hogares las puertas abre,
y de la calle la vida dichosa renace.

Jornaleros y albañiles y banqueros,
criadas y jardineros y vendedores,
comerciantes y niños y viejos.

Van unos, otros vienen,
en los cuatro Cantillos refúgianse,
de rumores e ideas oráculo.

De súbito, de bronce las campanas
de los Escolapios la ceremonia de la vida
en los confines propalan de la calle Carrera.

5. LOS CUATRO CANTILLOS

De vendedores vocingleros ágora,
de ilustrados albañiles,
de taxistas mundanos,
ombligo de curas lamiosos,
de serviles banqueros,
de osados desocupados,
que vienen, iban y trajinan
de los cuatro Cantillos por la cruz.

A veces, de chatarreros sones salvajes,
o destartalados afiladores,
la límpida atmósfera musicaban
de los cuatro Cantillos de la cruz;
otras, jóvenes aprendices de la vida,
erraban al templo de la esperanza del futuro,
mientras de ensueño iluminadas,
las golondrinas en los plateados cielos
arabescos dibujaban.

6. El Paseo

¿Dónde la dicha humana está,
de la felicidad la nostálgica gloria?

Denodadamente la busqué en el hoy,
y no la encontré;
de la juventud perdida la busqué en el pasado
y, mira por dónde, inmóvil, allí la hallé.

¡Ay, perdido paraíso urbano,
en el ayer petrificado territorio!

Paseo galante, distinguido,
amable, florido, señorial,
donde las esbeltas palmeras
poderosas a las nubes se yerguen,
y las acacias de sombra y entrecortada luz
sus manos extendían,
y de los rojos rosales te cautivaban,
ay, los embriagadores aromas
en los pequeños arriates.

¡Ay, de ayer sueño muerto!

Allí, heridos por el deseo oculto, buscábamos
los jóvenes la pura fuente, inocentes,
que exhalaba nuestro ardiente fuego interior.

Allí, en las frescas noches de estío,
las entusiastas palabras del parloteo se enhebraban
de utopías y quimeras futuras en honestas ideas.

¡Ay, nostalgia del ayer calcinada!

7. TORRES

Del pueblo blanco a lontananza,
de barro tres hermosas torres divisas,
como los ojos de Atenea, de tejados glaucos.

Enhiestas en el silencio de los tejados
y de las chimeneas,
arropadas de cálidos aires y solitarias nubes,
el efímero sueño de la eternidad velan.

Al despertar, como guardianes del pueblo,
sus campanas entonan de bronce suspiros,
que hasta los confines se propalan
de las sierras cercanas.

¿Algún ser que resuelva existe
de la caducidad de la belleza el misterio?

8. CALLE AGUA

Grandes, chicos y medianos,
en prieta hilera los niños,
corren, saltan, lloran, juegan
en la empedrada calle Agua,
esperan que el colegio,
en la mañana de invierno,
abra las puertas del cielo.

Deseosos de saciarse
del luminoso saber,
esquinan la calle Agua,
comedidos, silenciosos,
camino del colegio,
donde en el quicio aguarda
el maestro contenido,
autoritario y taciturno.

En el interior del aula
el maestro saca la regla,
los colegiales doblegados
abren del libro la página,
ventana del horizonte,
callados atienden
sus máximas y misterios.

En la empedrada calle Agua,
en prieta fila, los niños
esperaban deseosos,
que de la torre el reló
diera las diez campanadas,
para entrar en el colegio.

II. Viejos clientes

Un pan negro en el alma tenemos
y en el corazón un pan blanco.
María Recuerda

1. Juanillo, el Latero

Redondo, cual blanco pan de pueblo,
Juanillo, su descomunal barriga,
a la manera de una sinuosa colina
sobre una campiña, suave, blanda
y serena se elevaba.

Una gorra plana gris llevaba sobre su cabeza
de cereza, un uniforme gris sin galones,
en donde una larga porra negra pendía
y un plateado silbato.

De los cuatro Cantillos en el *omfalós,*
como una veleta de los vientos dominadora,
brazos en cruz latina, brazos en l alfabética,
el tráfico gobernaba de los roncos autos.

Mas su verdadera llamada era la plateada hojalata,
que con tan gran señorío cortaba
para luego amorosamente soldarla,
en su paraíso doméstico
sentado con su pantagruélica barriga.

Infinitud de objetos de lata construía e imaginaba:
para el agua brillantes jarros,
del aceite femeninos cántaros,
para cernir variopintos cedazos del boquerón
la blanca harina.

Juanillo, el Latero, el Latero, Juanillo,
de la lata un pequeño dios,
un pequeño dios de la hojalata.

2. MIGUELÓN

Gigante bonachón, Miguelón,
con corazón de almendra amarga.

De viejas tradiciones portaestandartes,
mozo recadero de altaneros comerciantes
y pueblerinos.

En palabras esenciales parco,
derrochador de grácil servilismo.

Miguelón, gigante bonachón,
portaestandartes, mozo recadero.

3. PIMPÁN

Pobre Pimpán,
Pimpán, Pimpán.

Tu mitología eran los garbanzos comunistas,
las lloronas lentejas, el trigo rubio,
la cebada amarga, la dulce matalauva,
de palabras de campo altares sembrados.

Pero tu inocencia los aguaceros ignoraba
de la lamiosa hipocresía,
y la terca vejez que arrodillada te reservaba,
de desatinos filiales tormentas y crueldades,
mieses amargas y mortecinos aromas.

Pobre Pimpán,
Pimpán, Pimpán.

4. El emigrante

¿Quién emigrante no es
o de emigrantes hijo?

¿Quién, del gentío de pueblos hastiado y de ciudades,
no emigra y en su dichosa soledad se refugia?

¿Quién sin alimento ni esperanza para volar
a los confines del sucio dinero no emigra?

Con maleta en mano, el pobre emigrante marchaba
y los pantalones remendados a la Galia o a la Germanía
o Dios sabe dónde.

Allí sin descanso trabajaba y trabajaba,
de privaciones lleno y nostalgia de su querida tierra.

Cuando en el verano sureño
a su pueblo natal volvía,
el emigrante ya no era emigrante,
como el hijo se mostraba de la abundancia.

Un lujoso y ruidoso auto negro ostentaba,
o ropas inusuales vestía para los lugareños,

o vinos imposibles o licores caros bebía,
o vocablos ininteligibles parloteaba
para los pueblerinos.

¡Pobre emigrante, que de lo que carecía, presumía,
en cuyo desamparado corazón no dejaba de crecer,

día a día, la efímera ilusión de volver pronto,
a la hermosa tierra que le hiciera nacer!

Aquí, de forma amigable,
la gente común «Jordi» le llamaba,
por eso de que algunos
de la proletaria Barcelona venían.

5. Ardila el Pintor

Era un hombre de su tiempo Ardila,
soltero y solitario,
con camisa blanca y boina negra.

Aunque de las casas las fachadas de cal pintaba,
o las secas paredes adornaba de papel pintado,
su verdadera esencia humana el pincel fino era.

¡Qué maravillosos dibujos de serrín de colores,
a modo de alfombras celestiales hacía,
para del corazón de Cristo la procesión!

¡Y aquellos paisajes pueblerinos al óleo
de empinadas calles y sierras dormidas,
al crepúsculo mortecino de las tardes de estío!

Ardila un hombre de su tiempo era,
aguardiente dulce bebía
y fumaba tabaco negro,

y pintaba, digo si pintaba,
el alma solitaria pintaba de las emociones,
a los ojos de los ignorantes invisible.

6. El poeta Sileno

El aire la cortina verde abanicaba
de la entrada que lentamente se mecía.

Sileno, de barba anárquica,
sentado junto al antepecho de cristal del salón,

embelesado las bellas piernas contemplaba
de una joven ninfa que cruzaba su mirada.

¡Un efímero temblor el deseo es
que de la vida las raíces sacude!

Sileno en los renglones escribía de su memoria,
mientras con un vino solera su soledad apagaba.

7. EL BOTICARIO

No madrugaba, como de la calle Carrera
las negras golondrinas,
sereno, pequeñito, altanero,
sabedor de su oficio milenario.

Todo tipo de mejunjes caseros
en la soledad de la rebotica elaboraba,
para del cuerpo y de la imaginación
los desesperados enfermos.

Así, con su joven mancebo
los dolores de estómago atendía de albañiles,
de banqueros la avaricia ajena,
de maridos infieles la jaqueca.

Y, luego, sereno e ilustre, tranquilo y orgulloso,
su vanidad en el bar embriagaba
y de viudo se fumaba su tristeza.

III. Reyes sin corona

La ignorancia es la corona de la sabiduría.
Rafael Valiente

1. FUNCIONARIO

Cerveza rubia tomaba, mucha rubia cerveza,
mas casi nunca un duro se gastaba.

Con traje de chaqueta azul y negra corbata,
de nieve el pelo y gafas oscuras,

de parroquianos ignorantes rodeado,
que la gestión requerían de esto o aquello otro.

Sin pereza, Manolo, a pata coja,
los papeles impresos rellenaba y completaba.

Aquellos, de su elocuente sabiduría
burocrática deudores,
con boquerones en vinagre
a una rubia cerveza le invitaban.

De Manolo, la pago yo la *conviá*, decía uno.
No, no, yo la pago, otro contravenía.

Manolo, un conde, un marqués se creía,
de un séquito de ignorantes rodeado siempre.

La gracia le reían, las palmas le tocaban,
de noble de Hispania genuflexiones
orgullosos le hacían.

Además, Manolo, cual un condenado
a cadena perpetua, fumaba,
y de los cigarrillos, muchos, gratis,
volaban, por supuesto.

2. La Coca

Pequeña y chiquitita,
de negro toda vestida.

Taciturna y altanera,
de noche toda vestida.

De voz bronca giganta,
ibas orgullosa y vocinglera.

Tus palabras vulgares
celoso miedo imprimían.

¿Dónde las oscuras golondrinas
y los osados vencejos matutinos?

Siempre sola y alegre ibas,
las tristes calles desiertas.

Toda vestida de negro,
pequeña y chiquitita.

Toda vestida de noche,
taciturna y altanera.

3. LOS PROFES DEL INSTITUTO

De la mañana las once el reloj daba
de los escolapios del instituto,
y los jóvenes a trompicones salían
a la calle Carrera a tomarse de ideas un bocadillo.

Cansados los profesores, hambrientos,
por la ignorancia iletrada intoxicados,
poco a poco a desayunar al Bar Casa Víctor iban.

Con teorema de Pitágoras una tostada,
pedía uno.
Otro, una torta de teatro lorquiano.
De agua un vaso copernicano,
el tercero.
Con leche senequista un café aristotélico,
el siguiente.

Así, hasta completar una pequeña nómina
de famélicos aprendices del saber.
Aun los rezagados presurosos decían,
¡Víctor, por favor, un pan de revolución francesa!
¡Y para mí con chocolate tartésico
galletas darwinianas!

4. El señorito Muñeco

Estirado, como de seda un pincel,
con corbata roja y de cuadros chaqueta
y un negro cigarrillo tras otro en la boca.

Orgulloso fingía que poseía
de cereal extensos territorios,
infinitos olivos verdes.

Difícilmente distinguir sabía
de un tablero de ajedrez una división,
pero eso sí, era el señorito Muñeco.

Rubio de Jerez bebía,
y tomaba carne con tomate,
y hablaba, y hablaba, y hablaba

de mujeres jóvenes y morenas,
de blancos caballos veloces,
de audaces toreros triunfadores.

El orgullo patrio andaluz era
en un triste muñeco personificado,
en un triste muñeco de trapo sucio.

5. MONTILLA

Del agua pura mago,
arcoíris cristalinos creaba
con su manguera negra.

Y los niños corrían y saltaban
bajo el estrépito de la lluvia
al son de risas y entusiasmo.

De las límpidas calles jardinero,
que de rojos geranios embellecía
en barros de abigarrados colores.

Mago del agua pura,
hacía del pueblo un pan hermoso,
jardinero de las límpidas calles,
un pan blanco, reluciente y bello.

6. BONIFACIO

Tiene estanterías la Gloria de pasteles
de nata, de tuétanos de crema,
de blandos bocadillos de embutidos.

Su ángel guardián, Bonifacio,
del día las vienas con tal maestría partía,
y de chorizo tan divino las rojas ruedas cortaba,

las rosas ruedas de mortadela,
de queso las blancas cuñas,
que la Gloria sin su alma de confitero no existía.

Cual golosos cupidos, los niños revoloteaban
alrededor de la gloria terrenal,
hambrientos de la inmortalidad del estómago.

Y en el recodo del mostrador,
serena y nostálgica de no sé qué,
doña Trini, con bata de inmaculada confitera.

7. María la Encalaora

Hemos abandonado la cáustica cal,
del alma de los hogares purificadora,
en pro de modernos químicos mejunjes.

A una larga caña María
una brocha azul ataba,
para techos y paredes encalar.

De azul el alma encalo,
de nostalgia las ideas,
la vida de bello amor.

Tanto encalo, encalo,
que soñando, vivo,
que sueño, encalando.

IV. La estirpe de Víctor

Somos raíz sin tierra.
Ricardo Olvido

1. Chacha Rosario

Tras la ventana, del mediodía la blanca luz
del hogar la verde estancia iluminaba.

Sola estabas tú, reina sin corona,
allá en tu *solium* de olores y aromas.

En la vieja sartén de la abuela dorabas
de las palabras fugaces acertijos,

vocales abiertas con sonoras consonantes
de las vanidades pueblerinas.

A amores prohibidos olía, a oscuras
infidelidades, a traiciones manifiestas.

Luego agua y rubia cerveza bebíamos,
al son del trino de los gorriones del patio.

Y la una las viejas campanas daban
del colegio de los escolapios y nos despedíamos.

2. VÍCTOR

Este mediodía he cogido,
Víctor, tu chaqueta gris de verano
y tu pañuelo celeste he encontrado,
celeste como de tus ilusiones el cielo claro.

Y en ti he pensado, triste,
en tu alegría bonachona
y en tu dispendio de vivir,
mientras la envejecida tela olía.

Y pienso cómo fuiste traicionado,
cual una hormiga al andar se pisa,
del dinero por las sucias manos.

Que no pudiste decir,
prisionero de tu propia credulidad,
«esta boca es mía, mía, sólo mía».

Porque sabes, Víctor,
te mató la impotencia,
esa impotencia que se va acumulando
día tras día, sin saberlo,
de miedo y asco y silencio.

Siempre he pensado, Víctor,
que deberías haber tenido alma de felino,
para a mordiscos haber acribillado
a esa pandilla de cobardes de pacotilla,
que tu alegre vida resignada ahogaban.

Mas tú, Víctor, te obstinabas
la pesada impotencia en soportar,
en tanto que un silencio letal
en la barriga de la tumba te engullía.

3. FIGURITAS

Nadie a sabiendas su existencia elige,
como río amarillo que de una sierra en la gruta nace,
por tus ancestros te viene dogmatizada.

Luego la vivencia florece con quienes te rodeas,
lentamente la gris sierra bajas y de encinas el bosque,
y a reír aprendes como las tristes hienas,
o en la noche a aullar como los negros lobos,
o a volar en los sueños como las golondrinas estivales.

Después del círculo de tu fuego sales donde te quemas,
los verdes valles recorres y las mochas colinas,
y al otro sin vínculo de origen descubres,
y su pulso de ánimo dominante o sumiso sientes,
y del deseo naciente el imán abrazador encuentras,
y la sabia ardiente lees de un ideal revolucionario.

Ahora las verdes vegas y los cañones rocosos franqueas,
desde el faro contemplas de la vida hermosa y bella,
que sólo un animal eres, que lucha y piensa,
que ama y cada día siente y bosteza,
cómo pasan, sin darte cuenta,
del libro las páginas de tu vida.

4. BERRANGO

¿Esencia de un tipo de ser
o acaso un vocablo marchito?

Heredas de tu abuelo un bigote
negro, y una brillante calvicie,

y una forma muy peculiar
de construir las fugaces ideas.

Vienes de los remotos confines
de una tierra árida y seca.

Aquí reculas, mezcla de razas,
aromas, dolores, pensamientos.

Berrango un mote es, un origen primero,
nada más, sólo eso, Berrango.

5. SÁTIRAS

Satirizar es criticar,
criticar es juzgar,
juzgar es pensar.

¿Es la tijera una herramienta de la crítica?
¿Es el espejo una limitación del juicio?
¿Es la contemplación una actitud del pensamiento?

De Antonio el Sátiras la barbería,
una academia de las frescas ideas era,
al son del clic-clac de las tijeras,
hilaban las mágicas palabras,
enredos, nostalgias y abucheos:

Ángel Descartes, del método cartesiano
la luminosidad recordaba;
del génesis de la moralidad
planteaba la pregunta, Ricardo Hobbes;
Fernando Cuervo, resoluto,
argumentos sobre dios no encontraba;
inquisitivo, lo absurdo del mundo
negaba Pablo Tesoro;
Sancho Epicuro, bajo la arboleda de su abuelo
su refugio proclamaba.

6. Fernández, Medina y Ramón

Iba con camisa de un blanco de sudor y tiempo,
iba Fernández tan digno como breve,
vino blanco sirviendo en botellas de esperanza.

Medina, dicen, vestía chaqueta blanca,
de blancura ahumada de nicotina,
con una luna llena en la mano izquierda.

Maestro de la suerte de los cuchillos,
Ramón lidiaba patas de jamón,
de queso ruedas, tripas de puerco.

Tres apóstoles de un saber sin escrituras,
que vive dormido en los resquicios
olvidados de caducas y efímeras memorias.

V. Los otros bares

Mi yo es el otro que siempre me habla.
Dolores Blanquet

1. LA LOBILLA

Otro café-bar, la Lobilla,
en la acera de enfrente,
en la misma calle Carrera.

Doña Concha, seria y compungida,
en el alargado antepecho de cristal,
de la entrada principal a la izquierda,
sentada, las mareas de gentes atisba,
que en el estío paseaban por las calles,
o los asiduos clientes que llegaban.

Y dentro de la barra, pelirrojo y de nariz aguileña,
el hijo de la señora, Paco el Lobillo,
de sueños irrealizables, nostálgico y alegre,
y las mesas del salón sirviendo,
nervio de camarero, Chicote,
chaqueta blanca y dorados botones,
sobre su mano derecha la luna de plata.

De las ácidas palabras el murmullo,
el halo blanco del humo del tabaco,
de los alargados fluorescentes la blanca luz,
el olor a jazmín de las cálidas noches de verano,
mudos testigos lejanos del grato recuerdo.

2. La Peña

En la misma acera de enfrente,
más arriba de la Lobilla,
otro bar, la Peña.

De sólo hombres enjambre,
hombres mayores, jóvenes hombres,
hombres, siempre hombres.

Del tiempo avaros unos en el sombrío interior,
al claro oscuro de un ojo de patio,
a las cartas o al dominó jugaban hastiados.

Otros por el cuitado presente sacudidos
a la silenciosa lectura se entregaban
de tormenta de dinero y de políticos.

Al fondo recóndito del bar,
una barra pequeñita y alargada,
donde las penas sentimentales curaba,

regordete y risueño, Pepito,
de Rute con anises amargos,
de Moguer con vino de naranja.

3. Casa Toro

Otro bar pequeñito,
como de cartón una caja de pasteles,
en la misma calle Carrera.

Pequeñito, igual que su dueño,
de pelo nieve y entrecortada tenue voz:
¿De paraíso una cerveza
con tapa de ilusión
trasnochada?

4. El Agrícola

Chasquidos de palabras,
estruendo de fichas de dominó,
densa aureola de humo de tabaco.

La tarde serena soñaba
la vida detenida
en un salón de anises y café.

Emilio, condenado por la gula del coñac,
de un extremo de la barra a otro deambulaba,
altanero, risueño, herido, el pobre, por la abulia.

Serio, rey sin reino,
tito Manuel sus dominios señoreaba
del juego y de la embriaguez.

Un insecto sin memoria es la dicha,
que efímera su morada construye,
ora aquí, ora acullá, ora donde le plazca.

5. El casino

Era la feria pueblerina
de estival agosto.

Los veladores de madera
a lo largo de la acera de la calle Carrera.

Sentados en sus sillas de soberbia,
los engreídos señoritos con sus vulgares familias.

Los camareros enchaquetados de blanco
con sus lunas en la mano derecha.

El olor denso de los jazmines de nieve,
mezclado con las madreselvas solares.

¡Una botella de fino blanco de Moriles
con una ración de sangre negra encebollada!

Los señoritos altaneros exigían,
después de haber tocado durante segundos
las palmas.

6. LA VIUDA

Las dos de la tarde
de un día blanco de otoño.

De proletarios grupos
alrededor de redondas mesas.

Grises latillas de vino blanco,
pisado en la tierra.

De palabras denso murmullo,
como oleaje de ronco mar.

Hoy de poner las tejas moriscas
hemos terminado, decía el albañil.

La dura tierra preparando,
comentaba otro, hay que sembrar el trigo.

Hoy en día, exclamaba aquel,
las piernas muy chiquitas la libertad tiene.

De vino otra latilla, hombre,
de manzana un bocado es la vida, concluía este.

7. El cine

La invernal noche llega
y de la puerta de acceso la gente
alrededor se arremolina
del antiguo cine de pueblo.

De frutos secos atestado
en ambulante carro
y miscelánea de chucherías
no daba abasto el quiosquero.

Vendía alegre en la ventanilla
las entradas de colores una rubia mujer,
para en nostálgico blanco y negro
la película ver del oeste americano.

De madera los asientos la gente ocupa,
como cuando un día aquellos inocentes
amantes se sentaron,
y lúbricos hicieran de su libre deseo carnal
un fontanal blanco e inmaculado de prejuicios.

VI. Últimas pinceladas

La línea desvela la forma, la palabra el misterio.
Antonio Tibulo

1. El cerro

De piedra gris pirámide milenaria,
tejida de pinceladas verdes de jóvenes pinos.

En torno a tu cuerpo de roca zigzaguea
de asfalto un oscuro sendero, cortado en la tierra.

De piedra anillos y barro tu silueta de faro embellecen,
antaño de la guerra deleznable para la ardua defensa.

Corona tu cabeza celeste un templo de cal blanca,
ayer moro, hoy por una belleza cristiana presidido.

Desde el mirador de tus ojos ancestrales
divísase de la naturaleza la bella infinitud
del paisaje montañoso y plano.

2. VIRGEN DE GRACIA

Una rosa encarnada
es la creencia trasnochada,

de la que, despeñados, rojos pétalos caen
del cáliz de su virginidad celeste.

¡Oh, Virgen hermosa, serena,
gloria clara de amor y pura!

Efímera al cielo no huyas,
mi espíritu de tu amor divino sacia.

Ven, consuela a este ateo, no me abandones,
ayuda a este triste y solitario enamorado.

A glorificar a tu padre poderoso no huyas,
a consolar a tu hijo muerto en la cruz.

Yo mi pequeño y entrañable mundo te daré,
sólo tu beso de misericordia te pido.

Virgen hermosa y pura, ven,
tú eres mi encarnada creencia caduca.

3. Peña de los Enamorados

La rebeldía a la libertad pertenece,
ni cadenas ni trampas le pongáis,
dejadla volar, cual hermosa golondrina estival,
hasta los confines de la lejana eternidad.

Si para colmo la dichosa rebeldía,
imbuida del deseo amoroso viene,
de dos jóvenes espadas de fuego,
ni límites ni mañana existen.

En la juventud el deseo y la rebeldía,
el hoy efímero sin pensar en el luego viven,
sin importarle del fuego abrazador las quemaduras,
de las ideas libres la descarnada pasión.

Así ejemplarizaron los eternos amantes
hasta el fin de los tiempos su amor prohibido,
de los Enamorados en la gris Peña,
de dos pueblos de Andalucía en los confines.

Con encono lucharon en su huida frenética,
audaces ascendieron, mientras los perseguían,
hasta que en el vacío el eco de sus corazones resonó:
amor, amor por siempre, amor más allá de la muerte.

4. Cueva de las grajas

Pisamos la piedra gris que otros hombres
en el amanecer del tiempo pisaron.

Tras el perfil de los amantes dormidos,
de las sierras de Antequera el contorno vemos,
que otros hombres antes en el crepúsculo
vieron de la tarde.

No somos nadie y el presente vivimos,
que otros antes que nosotros vivieron.

5. FERIA DE AGOSTO

¿De los pueblos la conciencia la feria adormece,
o de ardoroso frenesí un rayo es,
que de la costumbre de la esclavitud nos libera?

Música, apretujones,
perfumes, ropas nuevas,
fuegos, sudores,
artes, besos,
bailes, labios rojos,
alcoholes, trajes,
desorden, colonias,
comilonas, decepciones,
luces, amores,
estrellas, sombras,
luna, atardeceres.
dolores, anhelos,
miradas, flores.

Eso, y mucho más, más,
de los pueblos las ferias son.

6. SAN ISIDRO

Era por mitad de mayo,
cuando las gentes del pueblo,
mochila en mano,
repleta de ricas viandas
y de frescas y alegres bebidas,
iban, entrado el día,
una fresca sombra a ocupar,
bajo de Toribica las plateadas alamedas.

Allí, los alegres niños
en el arroyo Marín jugaban
a la otra orilla a saltar,
por entre piedras y guijarros,
mientras los padres,
risueños y joviales,
parloteaban y los manjares
del estómago preparaban.

Allí, los vientos silenciosos,
melodías de plateadas hojas entonaban,
y las niñas, dichosas y puras,
saltaban y corrían y zapateaban,
al ritmo de voces sin medida

y palmas roncas y primitivas,
cruzándose del naciente deseo
las primeras miradas.

7. LUNA DE PARASCEVE

Resuenan los broncos tambores,
de sonidos afilados de trompetas acompasados.

Tras el perfil violeta del horizonte,
llena de luminarias, la luna de parasceve asciende.

En un sembrado de rosas rojas un Cristo dolido,
silente, a ritmo pausado pasea.

De llamas de cera una escala
de la Virgen solitaria el doloroso rostro ilumina.

De humaredas de incienso el aire cargado
los ámbitos mudos llena de las calles.

En las aceras apiñada la multitud extasiada,
de la vida dolorosa la dicha pasajera sueña.

Seca voz y honda saeta,
de la existencia el martirio deplorable del hombre.

Índice